Carnet
de liaison
garde alternée

Ma fiche

Date : / /
Jour(s): L M M J V S D

☐ Journée	Heure : h
☐ Demi-journée	à h

Récapitulatif

Matin	Midi	Soir	Journée/Demi-journée

Repas

Entrée	Plat	Dessert

Sommeil

Sieste	Nuit

Santé

Température :

Message :

Ma fiche

Date : / /
Jour(s): L M M J V S D

☐ Journée	Heure : .... h ....
	à
☐ Demi-journée	.... h ....

Récapitulatif

Matin	Midi	Soir	Journée/Demi-journée

Repas

Entrée	Plat	Dessert

Sommeil		Santé

Sieste	Nuit	
		Température : ....

Message : ....

Ma fiche

Date : / /
Jour(s): L M M J V S D

☐ Journée	Heure : _____ h _____
	à
☐ Demi-journée	_____ h _____

Récapitulatif

Matin	Midi	Soir	Journée/Demi-journée

Repas

Entrée	Plat	Dessert

Sommeil

Sieste	Nuit

Santé

Température : _____

Message :

Ma fiche

Date : / /
Jour(s): L M M J V S D

☐ Journée	Heure : .... h ....
	à
☐ Demi-journée	.... h ....

Récapitulatif

Matin	Midi	Soir	Journée/Demi-journée

Repas

Entrée	Plat	Dessert

Sommeil

Sieste	Nuit

Santé

Température : ....

Message : ....

Ma fiche

Date : / /

Jour(s): L M M J V S D

☐ Journée	Heure : .... h ....
	à
☐ Demi-journée	.... h ....

Récapitulatif

Matin	Midi	Soir	Journée/Demi-journée

Repas

Entrée	Plat	Dessert

Sommeil

Sieste	Nuit

Santé

Température : ....

Message :

Ma fiche

Date : / /
Jour(s): L M M J V S D

	Heure :
☐ Journée	.... h ....
	à
☐ Demi-journée	.... h ....

Récapitulatif

Matin	Midi	Soir	Journée/Demi-journée
....	....	....	....
....	....	....	....
....	....	....	....
....	....	....	....
....	....	....	....
....	....	....	....
....	....	....	....

Repas

Entrée	Plat	Dessert
....	....	....
....	....	....
....	....	....
....	....	....
....	....	....
....	....	....

Sommeil / Santé

Sieste	Nuit	Santé
....	....	....
....	....	....
....	....	....
....	....	....
....	....	Température : ....

Message : ....
....
....
....
....

Ma fiche

Date : / /
Jour(s): L M M J V S D

☐ Journée	Heure : h
☐ Demi-journée	à h

Récapitulatif

Matin	Midi	Soir	Journée/Demi-journée

Repas

Entrée	Plat	Dessert

Sommeil / Santé

Sieste	Nuit	Santé
		Température :

Message :

Ma fiche

Date : / /
Jour(s): L M M J V S D

☐ Journée	Heure : _____ h _____
☐ Demi-journée	à _____ h _____

Récapitulatif

Matin	Midi	Soir	Journée/Demi-journée

Repas

Entrée	Plat	Dessert

Sommeil / Santé

Sieste	Nuit	Santé
		Température : _____

Message : _____

_____

_____

_____

_____

Ma fiche

Date : / /
Jour(s): L M M J V S D

☐ Journée	Heure : _____ h
	à
☐ Demi-journée	_____ h

Récapitulatif

Matin	Midi	Soir	Journée/Demi-journée

Repas

Entrée	Plat	Dessert

Sommeil		Santé

Sieste	Nuit	
		Température : _____

Message :

Ma fiche

Date : / /
Jour(s): L M M J V S D

☐ Journée	Heure : _____ h
	à
☐ Demi-journée	_____ h

Récapitulatif

Matin	Midi	Soir	Journée/Demi-journée

Repas

Entrée	Plat	Dessert

Sommeil		Santé

Sieste	Nuit	
		Température : _____

Message : _____
_____
_____
_____
_____
_____

Ma fiche

Date : / /
Jour(s): L M M J V S D

☐ Journée	Heure : h
	à
☐ Demi-journée	h

Récapitulatif

Matin	Midi	Soir	Journée/Demi-journée

Repas

Entrée	Plat	Dessert

Sommeil

Sieste	Nuit

Santé

Température :

Message :

Ma fiche

Date : / /
Jour(s): L M M J V S D

☐ Journée	Heure : .... h ....
	à
☐ Demi-journée	.... h ....

Récapitulatif

Matin	Midi	Soir	Journée/Demi-journée

Repas

Entrée	Plat	Dessert

Sommeil

Sieste	Nuit

Santé

Température : ....

Message :

Ma fiche

Date : / /
Jour(s): L M M J V S D

☐ Journée	Heure : .... h ....
	à
☐ Demi-journée	.... h ....

Récapitulatif

Matin	Midi	Soir	Journée/Demi-journée

Repas

Entrée	Plat	Dessert

Sommeil		Santé
Sieste	Nuit	

Température : ....

Message : ....
....
....
....
....
....

Ma fiche

Date :   /   /
Jour(s): L M M J V S D

☐ Journée	Heure : _____ h _____
	à
☐ Demi-journée	_____ h _____

Récapitulatif

Matin	Midi	Soir	Journée/Demi-journée

Repas

Entrée	Plat	Dessert

Sommeil		Santé

Sieste	Nuit	
		Température : _____

Message : _____
_____
_____
_____
_____

Ma fiche

Date : / /
Jour(s): L M M J V S D

☐ Journée	Heure : _____ h _____
	à
☐ Demi-journée	_____ h _____

Récapitulatif

Matin	Midi	Soir	Journée/Demi-journée
....	....	....	....
....	....	....	....
....	....	....	....
....	....	....	....
....	....	....	....
....	....	....	....
....	....	....	....
....	....	....	....

Repas

Entrée	Plat	Dessert
....	....	....
....	....	....
....	....	....
....	....	....
....	....	....
....	....	....

Sommeil

Sieste	Nuit
....	....
....	....
....	....
....	....
....	....

Santé

....
....
....

Température : ....

Message : ....
....
....
....
....

Ma fiche

Date : / /
Jour(s): L M M J V S D

☐ Journée	Heure : h
	à
☐ Demi-journée	h

Récapitulatif

Matin	Midi	Soir	Journée/Demi-journée

Repas

Entrée	Plat	Dessert

Sommeil

Sieste	Nuit

Santé

Température :

Message :

Ma fiche

Date : / /
Jour(s): L M M J V S D

☐ Journée	Heure : .... h ....
	à
☐ Demi-journée	.... h ....

Récapitulatif

Matin	Midi	Soir	Journée/Demi-journée

Repas

Entrée	Plat	Dessert

Sommeil

Sieste	Nuit

Santé

Température : ....

Message : ....

Ma fiche

Date : / /
Jour(s): L M M J V S D

☐ Journée	Heure : _____ h
	à
☐ Demi-journée	_____ h

Récapitulatif

Matin	Midi	Soir	Journée/Demi-journée

Repas

Entrée	Plat	Dessert

Sommeil		Santé
Sieste	Nuit	
		Température : _____

Message : _____

Ma fiche

Date : / /
Jour(s): L M M J V S D

☐ Journée	Heure : _____ h _____
	à
☐ Demi-journée	_____ h _____

Récapitulatif

Matin	Midi	Soir	Journée/Demi-journée

Repas

Entrée	Plat	Dessert

Sommeil

Sieste	Nuit

Santé

Température : _____

Message :

Ma fiche

Date : / /
Jour(s): L M M J V S D

☐ Journée	Heure : _____ h
	à
☐ Demi-journée	_____ h

Récapitulatif

Matin	Midi	Soir	Journée/Demi-journée

Repas

Entrée	Plat	Dessert

Sommeil

Sieste	Nuit

Santé

Température : _____

Message : _____
_____
_____
_____
_____

Ma fiche

Date : / /
Jour(s): L M M J V S D

☐ Journée	Heure : .... h ....
	à
☐ Demi-journée	.... h ....

Récapitulatif

Matin	Midi	Soir	Journée/Demi-journée

Repas

Entrée	Plat	Dessert

Sommeil		Santé

Sieste	Nuit	
		Température : ....

Message : ....
....
....
....
....

Ma fiche

Date : / /
Jour(s): L M M J V S D

☐ Journée	Heure : .... h ....
	à
☐ Demi-journée	.... h ....

Récapitulatif

Matin	Midi	Soir	Journée/Demi-journée

Repas

Entrée	Plat	Dessert

Sommeil		Santé

Sieste	Nuit	
		Température : ....

Message : ....
....
....
....
....

Ma fiche

Date : / /
Jour(s): L M M J V S D

	Heure : ___h___
☐ Journée	à
☐ Demi-journée	___h___

Récapitulatif

Matin	Midi	Soir	Journée/Demi-journée
....	....	....	....
....	....	....	....
....	....	....	....
....	....	....	....
....	....	....	....
....	....	....	....
....	....	....	....
....	....	....	....

Repas

Entrée	Plat	Dessert
....	....	....
....	....	....
....	....	....
....	....	....
....	....	....
....	....	....

Sommeil

Sieste	Nuit
....	....
....	....
....	....
....	....
....	....

Santé

....
....
....
....
Température : ....

Message :
....
....
....
....
....

Ma fiche

Date : / /
Jour(s): L M M J V S D

☐ Journée	Heure : _____ h
	à
☐ Demi-journée	_____ h

Récapitulatif

Matin	Midi	Soir	Journée/Demi-journée

Repas

Entrée	Plat	Dessert

Sommeil / Santé

Sieste	Nuit	Santé
		Température : _____

Message : _____
_____
_____
_____
_____
_____

Ma fiche

Date : / /
Jour(s): L M M J V S D

☐ Journée	Heure : _____ h _____
	à
☐ Demi-journée	_____ h _____

Récapitulatif

Matin	Midi	Soir	Journée/Demi-journée

Repas

Entrée	Plat	Dessert

Sommeil		Santé

Sieste	Nuit	
		Température : _____

Message : _____

Ma fiche

Date : / /
Jour(s): L M M J V S D

☐ Journée	Heure : _____ h _____
	à
☐ Demi-journée	_____ h _____

Récapitulatif

Matin	Midi	Soir	Journée/Demi-journée

Repas

Entrée	Plat	Dessert

Sommeil

Sieste	Nuit

Santé

Température : _____

Message : _____

Ma fiche

Date : / /
Jour(s): L M M J V S D

☐ Journée	Heure : _____ h _____
	à
☐ Demi-journée	_____ h _____

Récapitulatif

Matin	Midi	Soir	Journée/Demi-journée

Repas

Entrée	Plat	Dessert

Sommeil		Santé
Sieste	Nuit	
		Température : _____

Message : _____
_____
_____
_____
_____

Ma fiche

Date : / /
Jour(s): L M M J V S D

☐ Journée	Heure : _____ h _____
	à
☐ Demi-journée	_____ h _____

Récapitulatif

Matin	Midi	Soir	Journée/Demi-journée

Repas

Entrée	Plat	Dessert

Sommeil		Santé
Sieste	Nuit	

Température : _____

Message : _____

Ma fiche

Date : / /
Jour(s): L M M J V S D

☐ Journée	Heure : _____ h _____
	à
☐ Demi-journée	_____ h _____

Récapitulatif

Matin	Midi	Soir	Journée/Demi-journée

Repas

Entrée	Plat	Dessert

Sommeil		Santé
Sieste	Nuit	
		Température : _____

Message :

Ma fiche

Date : / /
Jour(s): L M M J V S D

☐ Journée	Heure : _____ h
	à
☐ Demi-journée	_____ h

Récapitulatif

Matin	Midi	Soir	Journée/Demi-journée

Repas

Entrée	Plat	Dessert

Sommeil		Santé
Sieste	Nuit	
		Température : _____

Message :

Ma fiche

Date : / /
Jour(s): L M M J V S D

☐ Journée	Heure : .... h ....
	à
☐ Demi-journée	.... h ....

Récapitulatif

Matin	Midi	Soir	Journée/Demi-journée

Repas

Entrée	Plat	Dessert

Sommeil

Sieste	Nuit

Santé

Température : ....

Message : ....

Ma fiche

Date : / /

Jour(s): L M M J V S D

☐ Journée	Heure : .... h ....
☐ Demi-journée	à .... h ....

Récapitulatif

Matin	Midi	Soir	Journée/Demi-journée

Repas

Entrée	Plat	Dessert

Sommeil | Santé

Sieste	Nuit	
		Température : ....

Message : ....
....
....
....
....

Ma fiche

Date : / /
Jour(s): L M M J V S D

☐ Journée	Heure : _____ h _____
	à
☐ Demi-journée	_____ h _____

Récapitulatif

Matin	Midi	Soir	Journée/Demi-journée

Repas

Entrée	Plat	Dessert

Sommeil		Santé
Sieste	Nuit	

Température : _____

Message :

Ma fiche

Date : / /
Jour(s): L M M J V S D

	Heure : h
☐ Journée	à
☐ Demi-journée	h

Récapitulatif

Matin	Midi	Soir	Journée/Demi-journée

Repas

Entrée	Plat	Dessert

Sommeil

Sieste	Nuit

Santé

Température :

Message :

Ma fiche

Date : / /
Jour(s): L M M J V S D

☐ Journée	Heure : _____ h
	à
☐ Demi-journée	_____ h

Récapitulatif

Matin	Midi	Soir	Journée/Demi-journée

Repas

Entrée	Plat	Dessert

Sommeil		Santé

Sieste	Nuit	
		Température : _____

Message : _____

Ma fiche

Date : / /
Jour(s): L M M J V S D

☐ Journée	Heure : _____ h _____
	à
☐ Demi-journée	_____ h _____

Récapitulatif

Matin	Midi	Soir	Journée/Demi-journée

Repas

Entrée	Plat	Dessert

Sommeil / Santé

Sieste	Nuit	Santé
		Température : _____

Message : _____
_____
_____
_____
_____

Ma fiche

Date : / /
Jour(s): L M M J V S D

☐ Journée	Heure : _____ h _____
☐ Demi-journée	à _____ h _____

Récapitulatif

Matin	Midi	Soir	Journée/Demi-journée

Repas

Entrée	Plat	Dessert

Sommeil		Santé

Sieste	Nuit	
		Température : _____

Message : _____

Ma fiche

Date : / /
Jour(s): L M M J V S D

☐ Journée	Heure : _____ h
	à
☐ Demi-journée	_____ h

Récapitulatif

Matin	Midi	Soir	Journée/Demi-journée

Repas

Entrée	Plat	Dessert

Sommeil | | Santé |

Sieste	Nuit	
		Température : _____

Message : _____

Ma fiche

Date : / /
Jour(s): L M M J V S D

	Heure : h
☐ Journée	à
☐ Demi-journée	h

Récapitulatif

Matin	Midi	Soir	Journée/Demi-journée

Repas

Entrée	Plat	Dessert

Sommeil

Sieste	Nuit

Santé

Température :

Message :

Ma fiche

Date : / /
Jour(s): L M M J V S D

□ Journée	Heure : _____ h
	à
□ Demi-journée	_____ h

Récapitulatif

Matin	Midi	Soir	Journée/Demi-journée

Repas

Entrée	Plat	Dessert

Sommeil

Sieste	Nuit

Santé

Température : _____

Message : _____

Ma fiche

Date : / /
Jour(s): L M M J V S D

☐ Journée	Heure : .... h ....
	à
☐ Demi-journée	.... h ....

Récapitulatif

Matin	Midi	Soir	Journée/Demi-journée

Repas

Entrée	Plat	Dessert

Sommeil		Santé

Sieste	Nuit	
		Température : ....

Message : ....
....
....
....
....

Ma fiche

Date : / /
Jour(s): L M M J V S D

☐ Journée	Heure : _____ h
	à
☐ Demi-journée	_____ h

Récapitulatif

Matin	Midi	Soir	Journée/Demi-journée

Repas

Entrée	Plat	Dessert

Sommeil		Santé

Sieste	Nuit	
		Température : _____

Message :

Ma fiche

Date : / /
Jour(s): L M M J V S D

☐ Journée	Heure : .... h ....
	à
☐ Demi-journée	.... h ....

Récapitulatif

Matin	Midi	Soir	Journée/Demi-journée

Repas

Entrée	Plat	Dessert

Sommeil | Santé

Sieste	Nuit	
		Température : ....

Message : ....
....
....
....
....

Ma fiche

Date : / /
Jour(s): L M M J V S D

	Heure :
☐ Journée	_____ h _____
	à
☐ Demi-journée	_____ h _____

Récapitulatif

Matin	Midi	Soir	Journée/Demi-journée

Repas

Entrée	Plat	Dessert

Sommeil		Santé
Sieste	Nuit	
		Température : _____

Message : _____

_____

_____

_____

_____

Ma fiche

| Date : / / |
| Jour(s): L M M J V S D |

| ☐ Journée | Heure :   h |
| ☐ Demi-journée | à
 h |

Récapitulatif

Matin	Midi	Soir	Journée/Demi-journée

Repas

Entrée	Plat	Dessert

Sommeil		Santé

Sieste	Nuit	
		Température :

Message :

Ma fiche

Date : / /
Jour(s): L M M J V S D

☐ Journée	Heure : ___ h
	à
☐ Demi-journée	___ h

Récapitulatif

Matin	Midi	Soir	Journée/Demi-journée

Repas

Entrée	Plat	Dessert

Sommeil

Sieste	Nuit

Santé

Température : ___

Message :

Ma fiche

Date :   /   /
Jour(s): L M M J V S D

☐ Journée	Heure : _____ h _____
☐ Demi-journée	à
	h _____ _____

Récapitulatif

Matin	Midi	Soir	Journée/Demi-journée

Repas

Entrée	Plat	Dessert

Sommeil

Sieste	Nuit

Santé

Température : _____

Message :

Ma fiche

Date : / /
Jour(s): L M M J V S D

	Heure : _____ h
☐ Journée	à
☐ Demi-journée	_____ h

Récapitulatif

Matin	Midi	Soir	Journée/Demi-journée

Repas

Entrée	Plat	Dessert

Sommeil

Sieste	Nuit

Santé

Température : _____

Message : _____

Ma fiche

Date : / /
Jour(s): L M M J V S D

☐ Journée	Heure : ___h ___
	à
☐ Demi-journée	___h ___

Récapitulatif

Matin	Midi	Soir	Journée/Demi-journée

Repas

Entrée	Plat	Dessert

Sommeil

Sieste	Nuit

Santé

Température : ....

Message : ....

Ma fiche

Date : / /
Jour(s): L M M J V S D

	Heure :
☐ Journée	_____ h _____
	à
☐ Demi-journée	_____ h _____

Récapitulatif

Matin	Midi	Soir	Journée/Demi-journée

Repas

Entrée	Plat	Dessert

Sommeil

Sieste	Nuit

Santé

Température : _____

Message : _____

Ma fiche

Date : / /
Jour(s): L M M J V S D

☐ Journée	Heure : _____ h
	à
☐ Demi-journée	_____ h

Récapitulatif

Matin	Midi	Soir	Journée/Demi-journée

Repas

Entrée	Plat	Dessert

Sommeil

Sieste	Nuit

Santé

Température : _____

Message :

Ma fiche

Date : / /
Jour(s): L M M J V S D

□ Journée	Heure : h
	à
□ Demi-journée	h

Récapitulatif

Matin	Midi	Soir	Journée/Demi-journée

Repas

Entrée	Plat	Dessert

Sommeil

Sieste	Nuit

Santé

Température :

Message :

Ma fiche

Date : / /
Jour(s): L M M J V S D

☐ Journée	Heure : _____ h _____
	à
☐ Demi-journée	_____ h _____

Récapitulatif

Matin	Midi	Soir	Journée/Demi-journée

Repas

Entrée	Plat	Dessert

Sommeil

Sieste	Nuit

Santé

Température : _____

Message : _____

Ma fiche

Date : / /
Jour(s): L M M J V S D

Journée	Heure : ___ h
	à
Demi-journée	___ h

Récapitulatif

Matin	Midi	Soir	Journée/Demi-journée

Repas

Entrée	Plat	Dessert

Sommeil

Sieste	Nuit

Santé

Température : ___

Message :

Ma fiche

Date : / /
Jour(s): L M M J V S D

☐ Journée	Heure : ___ h
	à
☐ Demi-journée	___ h

Récapitulatif

Matin	Midi	Soir	Journée/Demi-journée

Repas

Entrée	Plat	Dessert

Sommeil

Sieste	Nuit

Santé

Température : ___

Message :

Ma fiche

Date :   /   /
Jour(s): L M M J V S D

☐ Journée	Heure : _____ h
	à
☐ Demi-journée	_____ h

Récapitulatif

Matin	Midi	Soir	Journée/Demi-journée

Repas

Entrée	Plat	Dessert

Sommeil

Sieste	Nuit

Santé

Température : _____

Message :

Ma fiche

Date : / /
Jour(s): L M M J V S D

☐ Journée	Heure : _____ h
	à
☐ Demi-journée	_____ h

Récapitulatif

Matin	Midi	Soir	Journée/Demi-journée

Repas

Entrée	Plat	Dessert

Sommeil

Sieste	Nuit

Santé

Température : _____

Message :

Ma fiche

Date : / /
Jour(s): L M M J V S D

□ Journée	Heure : h
	à
□ Demi-journée	h

Récapitulatif

Matin	Midi	Soir	Journée/Demi-journée

Repas

Entrée	Plat	Dessert

Sommeil		Santé
Sieste	Nuit	
		Température :

Message :

Ma fiche

Date : / /
Jour(s): L M M J V S D

☐ Journée	Heure : _____ h _____
	à
☐ Demi-journée	_____ h _____

Récapitulatif

Matin	Midi	Soir	Journée/Demi-journée

Repas

Entrée	Plat	Dessert

Sommeil		Santé

Sieste	Nuit	
		Température : _____

Message :

Ma fiche

Date : / /
Jour(s): L M M J V S D

☐ Journée	Heure : _____ h
	à
☐ Demi-journée	_____ h

Récapitulatif

Matin	Midi	Soir	Journée/Demi-journée

Repas

Entrée	Plat	Dessert

Sommeil

Sieste	Nuit

Santé

Température : _____

Message : _____

Ma fiche

Date : / /

Jour(s): L M M J V S D

☐ Journée	Heure : h
	à
☐ Demi-journée	h

Récapitulatif

Matin	Midi	Soir	Journée/Demi-journée

Repas

Entrée	Plat	Dessert

Sommeil

Sieste	Nuit

Santé

Température :

Message :

Ma fiche

Date : / /
Jour(s): L M M J V S D

☐ Journée	Heure : _____ h
	à
☐ Demi-journée	_____ h

Récapitulatif

Matin	Midi	Soir	Journée/Demi-journée

Repas

Entrée	Plat	Dessert

Sommeil		Santé
Sieste	Nuit	
		Température : _____

Message : _____

Ma fiche

Date : / /
Jour(s): L M M J V S D

☐ Journée	Heure : _____ h
	à
☐ Demi-journée	_____ h

Récapitulatif

Matin	Midi	Soir	Journée/Demi-journée

Repas

Entrée	Plat	Dessert

Sommeil		Santé

Sieste	Nuit	
		Température : _____

Message : _____

Ma fiche

Date : / /
Jour(s): L M M J V S D

☐ Journée	Heure : _____ h
	à
☐ Demi-journée	_____ h

Récapitulatif

Matin	Midi	Soir	Journée/Demi-journée

Repas

Entrée	Plat	Dessert

Sommeil

Sieste	Nuit

Santé

Température : _____

Message : _____

Ma fiche

Date : / /
Jour(s): L M M J V S D

☐ Journée	Heure : _____ h _____
	à
☐ Demi-journée	_____ h _____

Récapitulatif

Matin	Midi	Soir	Journée/Demi-journée
....	....	....	....
....	....	....	....
....	....	....	....
....	....	....	....
....	....	....	....
....	....	....	....
....	....	....	....
....	....	....	....

Repas

Entrée	Plat	Dessert
....	....	....
....	....	....
....	....	....
....	....	....
....	....	....

Sommeil

Sieste	Nuit
....	....
....	....
....	....
....	....
....	....

Santé

....
....
....
....
Température : ....

Message : ....
....
....
....
....
....

Ma fiche

Date : / /
Jour(s): L M M J V S D

☐ Journée	Heure : _____ h
	à
☐ Demi-journée	h

Récapitulatif

Matin	Midi	Soir	Journée/Demi-journée

Repas

Entrée	Plat	Dessert

Sommeil		Santé
Sieste	Nuit	
		Température :

Message :

Ma fiche

Date : / /
Jour(s): L M M J V S D

☐ Journée	Heure : _____ h _____
	à
☐ Demi-journée	_____ h _____

Récapitulatif

Matin	Midi	Soir	Journée/Demi-journée

Repas

Entrée	Plat	Dessert

Sommeil		Santé

Sieste	Nuit	
		Température : _____

Message : _____
_____
_____
_____
_____

Ma fiche

Date :   /   /
Jour(s): L M M J V S D

☐ Journée	Heure : _____ h _____
	à
☐ Demi-journée	_____ h _____

Récapitulatif

Matin	Midi	Soir	Journée/Demi-journée

Repas

Entrée	Plat	Dessert

Sommeil		Santé

Sieste	Nuit	
		Température : _____

Message : _____
_____
_____
_____
_____

Ma fiche

Date : / /
Jour(s): L M M J V S D

☐ Journée	Heure : _____ h _____
	à
☐ Demi-journée	_____ h _____

Récapitulatif

Matin	Midi	Soir	Journée/Demi-journée

Repas

Entrée	Plat	Dessert

Sommeil

Sieste	Nuit

Santé

Température : _____

Message : _____

Ma fiche

Date : / /
Jour(s): L M M J V S D

	Heure : h
☐ Journée	à
☐ Demi-journée	h

Récapitulatif

Matin	Midi	Soir	Journée/Demi-journée

Repas

Entrée	Plat	Dessert

Sommeil

Sieste	Nuit

Santé

Température :

Message :

Ma fiche

Date : / /

Jour(s): L M M J V S D

☐ Journée	Heure : _____ h _____
	à
☐ Demi-journée	_____ h _____

Récapitulatif

Matin	Midi	Soir	Journée/Demi-journée

Repas

Entrée	Plat	Dessert

Sommeil / Santé

Sieste	Nuit	Santé
		Température : _____

Message : _____
_____
_____
_____
_____

Ma fiche

Date : / /
Jour(s): L M M J V S D

	Heure : h
☐ Journée	à
☐ Demi-journée	h

Récapitulatif

Matin	Midi	Soir	Journée/Demi-journée

Repas

Entrée	Plat	Dessert

Sommeil

Sieste	Nuit

Santé

Température :

Message :

Ma fiche

Date : / /
Jour(s): L M M J V S D

	Heure :
☐ Journée	_____ h _____
	à
☐ Demi-journée	_____ h _____

Récapitulatif

Matin	Midi	Soir	Journée/Demi-journée

Repas

Entrée	Plat	Dessert

Sommeil		Santé
Sieste	Nuit	
		Température : _____

Message : _____

Ma fiche

Date : / /
Jour(s): L M M J V S D

☐ Journée	Heure : _____ h _____
	à
☐ Demi-journée	_____ h _____

Récapitulatif

Matin	Midi	Soir	Journée/Demi-journée

Repas

Entrée	Plat	Dessert

Sommeil

Sieste	Nuit

Santé

Température : _____

Message :

Ma fiche

Date : / /
Jour(s): L M M J V S D

☐ Journée	Heure : .... h ....
	à
☐ Demi-journée	.... h ....

Récapitulatif

Matin	Midi	Soir	Journée/Demi-journée

Repas

Entrée	Plat	Dessert

Sommeil		Santé
Sieste	Nuit	

Température : ....

Message :

Ma fiche

Date : / /
Jour(s): L M M J V S D

☐ Journée	Heure : _____ h _____
	à
☐ Demi-journée	_____ h _____

Récapitulatif

Matin	Midi	Soir	Journée/Demi-journée

Repas

Entrée	Plat	Dessert

Sommeil		Santé

Sieste	Nuit	
		Température : _____

Message : _____

Ma fiche

Date : / /
Jour(s): L M M J V S D

☐ Journée	Heure : _____ h _____
	à
☐ Demi-journée	_____ h _____

Récapitulatif

Matin	Midi	Soir	Journée/Demi-journée

Repas

Entrée	Plat	Dessert

Sommeil		Santé
Sieste	Nuit	
		Température : _____

Message : _____

Ma fiche

Date : / /
Jour(s): L M M J V S D

☐ Journée	Heure :	h
		à
☐ Demi-journée		h

Récapitulatif

Matin	Midi	Soir	Journée/Demi-journée

Repas

Entrée	Plat	Dessert

Sommeil		Santé

Sieste	Nuit	
		Température :

Message :

Ma fiche

Date : / /
Jour(s): L M M J V S D

☐ Journée	Heure : .... h ....
	à
☐ Demi-journée	.... h ....

Récapitulatif

Matin	Midi	Soir	Journée/Demi-journée

Repas

Entrée	Plat	Dessert

Sommeil

Sieste	Nuit

Santé

Température : ....

Message :

....
....
....
....

Ma fiche

Date : / /
Jour(s): L M M J V S D

□ Journée	Heure : h
	à
□ Demi-journée	h

Récapitulatif

Matin	Midi	Soir	Journée/Demi-journée

Repas

Entrée	Plat	Dessert

Sommeil		Santé
Sieste	Nuit	
		Température :

Message :

Ma fiche

Date : / /
Jour(s): L M M J V S D

	Heure : h
☐ Journée	à
☐ Demi-journée	h

Récapitulatif

Matin	Midi	Soir	Journée/Demi-journée

Repas

Entrée	Plat	Dessert

Sommeil

Sieste	Nuit

Santé

Température :

Message :

Ma fiche

Date : / /
Jour(s): L M M J V S D

☐ Journée	Heure :	h
		à
☐ Demi-journée		h

Récapitulatif

Matin	Midi	Soir	Journée/Demi-journée

Repas

Entrée	Plat	Dessert

Sommeil		Santé
Sieste	Nuit	
		Température :

Message :

Ma fiche

Date : / /
Jour(s): L M M J V S D

☐ Journée	Heure : _____ h _____
	à
☐ Demi-journée	h _____ _____

Récapitulatif

Matin	Midi	Soir	Journée/Demi-journée

Repas

Entrée	Plat	Dessert

Sommeil

Sieste	Nuit

Santé

Température : _____

Message : _____

Ma fiche

Date : / /
Jour(s): L M M J V S D

☐ Journée	Heure : h
	à
☐ Demi-journée	h

Récapitulatif

Matin	Midi	Soir	Journée/Demi-journée

Repas

Entrée	Plat	Dessert

Sommeil / Santé

Sieste	Nuit	Santé
		Température :

Message :

Ma fiche

Date : / /
Jour(s): L M M J V S D

☐ Journée	Heure : .... h ....
	à
☐ Demi-journée	.... h ....

Récapitulatif

Matin	Midi	Soir	Journée/Demi-journée

Repas

Entrée	Plat	Dessert

Sommeil		Santé

Sieste	Nuit	
		Température : ....

Message : ....
....
....
....
....

Ma fiche

Date : / /
Jour(s): L M M J V S D

☐ Journée	Heure : _____ h _____
	à
☐ Demi-journée	_____ h _____

Récapitulatif

Matin	Midi	Soir	Journée/Demi-journée

Repas

Entrée	Plat	Dessert

Sommeil		Santé
Sieste	Nuit	

Température : _____

Message : _____

Ma fiche

Date : / /
Jour(s): L M M J V S D

☐ Journée	Heure : h
	à
☐ Demi-journée	h

Récapitulatif

Matin	Midi	Soir	Journée/Demi-journée

Repas

Entrée	Plat	Dessert

Sommeil		Santé
Sieste	Nuit	

Température :

Message :

Ma fiche

Date : / /
Jour(s): L M M J V S D

☐ Journée	Heure : .... h ....
	à
☐ Demi-journée	.... h ....

Récapitulatif

Matin	Midi	Soir	Journée/Demi-journée

Repas

Entrée	Plat	Dessert

Sommeil

Sieste	Nuit

Santé

Température : ....

Message : ....

Ma fiche

Date : / /
Jour(s): L M M J V S D

☐ Journée	Heure : .... h ....
	à
☐ Demi-journée	.... h ....

Récapitulatif

Matin	Midi	Soir	Journée/Demi-journée

Repas

Entrée	Plat	Dessert

Sommeil

Sieste	Nuit

Santé

Température : ....

Message : ....

Ma fiche

Date : / /
Jour(s): L M M J V S D

☐ Journée	Heure : _____ h _____
	à
☐ Demi-journée	_____ h _____

Récapitulatif

Matin	Midi	Soir	Journée/Demi-journée

Repas

Entrée	Plat	Dessert

Sommeil

Sieste	Nuit

Santé

Température : _____

Message :

Ma fiche

Date : / /
Jour(s): L M M J V S D

☐ Journée	Heure : _____ h
	à
☐ Demi-journée	_____ h

Récapitulatif

Matin	Midi	Soir	Journée/Demi-journée

Repas

Entrée	Plat	Dessert

Sommeil		Santé
Sieste	Nuit	
		Température : _____

Message : _____
_____
_____
_____
_____

Ma fiche

Date : / /
Jour(s): L M M J V S D

☐ Journée	Heure :	h
		à
☐ Demi-journée		h

Récapitulatif

Matin	Midi	Soir	Journée/Demi-journée

Repas

Entrée	Plat	Dessert

Sommeil

Sieste	Nuit

Santé

Température :

Message :

Ma fiche

Date : / /
Jour(s): L M M J V S D

☐ Journée	Heure :
	.... h ....
	à
☐ Demi-journée	.... h ....

Récapitulatif

Matin	Midi	Soir	Journée/Demi-journée

Repas

Entrée	Plat	Dessert

Sommeil

Sieste	Nuit

Santé

Température : ....

Message : ....

Ma fiche

Date : / /
Jour(s): L M M J V S D

□ Journée	Heure : ____ h
	à
□ Demi-journée	____ h

Récapitulatif

Matin	Midi	Soir	Journée/Demi-journée

Repas

Entrée	Plat	Dessert

Sommeil

Sieste	Nuit

Santé

Température : ____

Message : ____

Ma fiche

Date : / /
Jour(s): L M M J V S D

☐ Journée	Heure : _____ h _____
	à
☐ Demi-journée	_____ h _____

Récapitulatif

Matin	Midi	Soir	Journée/Demi-journée

Repas

Entrée	Plat	Dessert

Sommeil		Santé
Sieste	Nuit	

Température : _____

Message : _____

Ma fiche

Date : / /
Jour(s): L M M J V S D

☐ Journée	Heure : h
	à
☐ Demi-journée	h

Récapitulatif

Matin	Midi	Soir	Journée/Demi-journée

Repas

Entrée	Plat	Dessert

Sommeil / Santé

Sieste	Nuit	Santé
		Température :

Message :

Ma fiche

Date : / /
Jour(s): L M M J V S D

☐ Journée	Heure : .... h ....
	à
☐ Demi-journée	.... h ....

Récapitulatif

Matin	Midi	Soir	Journée/Demi-journée

Repas

Entrée	Plat	Dessert

Sommeil		Santé
Sieste	Nuit	

Température : ....

Message : ....
....
....
....
....
....

Ma fiche

Date : / /
Jour(s): L M M J V S D

	Heure : h
☐ Journée	à
☐ Demi-journée	h

Récapitulatif

Matin	Midi	Soir	Journée/Demi-journée

Repas

Entrée	Plat	Dessert

Sommeil

Sieste	Nuit

Santé

Température :

Message :

Ma fiche

Date : / /
Jour(s): L M M J V S D

	Heure : h
☐ Journée	à
☐ Demi-journée	h

Récapitulatif

Matin	Midi	Soir	Journée/Demi-journée

Repas

Entrée	Plat	Dessert

Sommeil

Sieste	Nuit

Santé

Température :

Message :

Ma fiche

Date : / /
Jour(s): L M M J V S D

☐ Journée	Heure :	h
		à
☐ Demi-journée		h

Récapitulatif

Matin	Midi	Soir	Journée/Demi-journée

Repas

Entrée	Plat	Dessert

Sommeil		Santé
Sieste	Nuit	
		Température :

Message :

Printed by Amazon Italia Logistica S.r.l.
Torrazza Piemonte (TO), Italy

60769200R00060